논 위를 달리는
두 대의 그림자 버스

논 위를 달리는 두 대의 그림자 버스

성찬경 시집

문학세계사

나는 평생 밀핵시密核詩를 추구해 왔다. 밀핵시란 시에서 의미의 밀도를 최대한으로 높이려는 시도다. 이것이 우리 시의 약점을 극복하는 길이라고 나는 믿고 있다.

밀핵시를 추구하는 과정에서 나온 것이 요소시要素詩, 일자일행시一字一行詩이며, 그 궁극의 형태가 일자시一字詩 일명 절대시絶對詩다.

아인슈타인의 특수상대성이론特殊相對性理論이 발표된 것이 1905년이며 올해로써 이 논문이 나온 지 100년이 된다. 물리학에서 특수상대성이론이 해온 구실과 비슷한 구실을 이 시집이 우리 시사에서 해낼 수 있지 않을까 하는 것이 나의 솔직한 생각이다.

성 찬 경

□ 차 례

1
셋잇단음표에 대하여

2

논 위를 달리는 두 대의 그림자 버스

3

요소시

1

셋잇단음표에 대하여

서시

그 날이 그 날 같지만
오늘은 어저께가 아니다.
내일은 오늘이 아니다.
무엇이고 시간 속에서
시시각각 새롭지 않은 것은 없고
시간 속에서
색이 바래고 때묻지 않는 것도 없다.
새 것도 없고 새 것 아닌 것도 없는
기묘한 현실의 얼개 앞에서
감각과 생각은 여간 무디지 않다.
묵은 것에서
새 싹 가려내는 연습.
새 것에서
영원한 모습 찾는 연습.
동시에 우리말에 새 생기 불어넣는 연습.
그리하여 생긴 것이 이 시집이다.

점이 진리다

반짝반짝
신비神秘 점묘點描.
우주 저 건너편에서 온
별을 보라.
있는 것은 점點이다.
점이 진리다.
큰 폭발.
서리서리 서리는 성령聖靈.
존재성 팽창무한.
점이 진리다.
점. 좌표축座標軸. 초차원.
삼계三界의 미소.
명사수에게는
점이 바위다.
영감靈感이다.
조준 안에 든 긴긴 순간이다.

혼인잔치.
두 점이 만나
한 점이 된다.
알뜰히
규모 있게
공들여
점성정신點性精神.
맥脈점을 꼭 찌르면
붉은 피가 분출한다.
점은 너무 예리하여
사람이 못 견딘다.
후광이 포근하다.
어두운 밤하늘.
유성의 이별.
왕궁은 폐허.
백합 한 송이.

세상에서 제일 작은 것.
있어도 안 보인다.
기氣의 정거장이다.
가난이다.
점이 진리다.

점이 무수히 모여서
선線이다.
초침이 시간을
예리하게 토막내며
군대행진곡처럼
절도 있게 돌아간다.
도쏠쏠 화쏠 도쏠쏠 화쏠 도쏠 도쏠.
세상에서 제일 사랑 받는 군대는
장난감 나라의 군대다.
저벅저벅.
1초.
2초.
3초.
4초.
5초.
5시 19분.

20분.

21분.

22분.

이 시는 내가

1988년 2월 16일

화요일

다섯 시

와

다섯 시 반

사이에

쓴

시다.

풍선 날리기

대축제大祝祭다.
어린이들의 풍선 날리기다.
오색 풍선이 200개쯤
일제히 하늘로 솟는다.
풍선의 해방이다.
하늘에 뜬 꽃밭이다.
하늘이 너무 파랗다.
영감적인 너무나 영감적인.
이 놀이엔 의미가 없다.
절대의미絶對意味가 있을 뿐이다.
어린이는 영감靈感의 샘.
노아의 가족인가.
풍선들이 모두 함께 동남풍 미풍을 타고
서서히 흐르며
작아진다.
슬픈 원근법이다.

어린이 마술에 걸린 나는
언제까지나 고개를 뒤로 젖힌 채
풍선의 승천에서
시선을 뗄 수가 없다.
하늘로 하늘로 사라짐.
세상에서 제일
축복 받은 운명이다.
아, 이때 기적이 인다.
나의 눈이 1.5다.
아니, 2.0이다.
바늘 끝만한 것이 계속 보인다.
빛깔은 이미 없고
반짝반짝하는 것.
대낮별이다.
아득히 남은 한 별,
하는 사이

하나가 다시 나타나,
두 별이다,
하는 사이
셋이다.
최후로
이젠 정말 하나다.
그것마저 영영 사라졌을 때
내가 보는 창궁蒼穹에
올챙이꼬리 달린 풍선만한 별들이
일제히 헤엄쳐 들어와
불멸不滅의 성좌 되어 찬란히 빛난다.

연애편지의 무게를 다는 저울

20그램. 우표 한 장.
40그램. 우표 두 장.
이 예쁘고 작은 저울이
활화산 분화구의 정열을 실은
연애 편지의 무게를 달다니.
그러나 그것은 사실이다.
저울은 정확히
내가 님에게 보내는 연애 편지의
열정의 등급을 매긴다.
60그램. 우표가 석 장.
야아, 100그램. 우표가 다섯 장.
이보다 더 예쁜 마술은 없다.
저울 바늘이 문자판 끝까지 돌아가면
나 한 사나이는
님에게 다이아 반지 하나쯤 선물한 기분이 되어
기쁘고 흐뭇하다.

몇 날 며칠의 노고도 사라진다.
벌이 날아 앉은 철쭉의 수술처럼
저울 바늘이 가볍게 가볍게 미동한다.
이 저울은
마음의 양量을 달뿐만 아니라
품질品質도 가려내는
영능靈能을 지니고 있다.
이 편지는
비록 우표 한 장 짜리지만
그 안에는
나의 심장을 쪼아서 완성한
정상급 사랑의 소네트 한 쌍이
들어 있는 것이다.
님과 상관 있으면
다 예쁜 것.
님 생각하면

가만히는 못 있는 법.
그래서 이 저울도 생겨났던 것.
님에게 보내는
나의 정열의 무게와
일편단심一片丹心의 순도를 다는
예쁘기 그지없는
살아 있는 님의 얼굴을 닮은
나의 수제품手製品인
연애 편지의 무게를 다는
이 저울이
태어났던 것.

주문 없이는

주문呪文* 없이는
하루도 못 살아.
별로 신통할 것도 없는 주문이지만
그것으로 하루를 살아.
마음의 미아迷兒 같은 주문이지만
그것이 내 진통제요
팔랑개비요
나침반이거든.
말이면 다라 믿기에
왜냐하면 말은 말씀의 그림자이기에
침과 땀과 영혼의 바람으로
예쁘장한 주문 서너 마디쯤을
무시로 중얼거려
그것으로 하루를 꿰거든.
그러면 분별없이 날이 저물고
나도 그럭저럭 하루치만큼 늙어.

사실은 이것이 나의
유치원 때부터의 버릇이거든.
난 주문 없이는
하루도 못살아.

    * 여기에서는 〈무의식 중에 무심히 중얼거리는 말〉 정도의 뜻.

하루하루가

하루하루가
생물이라는 생각이 든다.
하루하루가
살아 있는 나에게서 떨어져나간 것이니
생물 아닐 리가 없다.
그것은 고뇌 많은 생물,
기쁨에 충전된 생물,
허탈에 허우적거리는 생물,
때로는 영감靈感의 불꽃놀이로
미시적微視的 천지창조를 해내는
생물이기도 하다.
어떤 것은 그야말로 시詩의 생물,
어떤 것은 철저한 반시反詩의 생물이다.
어떤 것이 아무리 예뻐도
내가 붙들어둘 수 없고
어떤 것이 몹시 흉측해도

내가 죽여버릴 수 없다.
파동처럼 질서 있게 출렁이며
아득히 멀어져 가는 저 끝.
사라지기는 해도
결코 죽지 않는 생물들이다.
존재 안에
죽음은 없으므로.
하루하루
나에게 생기는 작고 큰 사건들이
이 생물의 세포다.
길가다 발에 채는 돌.
꽉 막힌 서울의 한복판을
택시로 요리조리 빠져나가는 일.
또는 나의 찬미자讚美者를 만나서 들뜨는 일.
다 세포다.
세포 모두가

그물처럼 서로 연결돼 있다.
세포 하나하나가
동시에 원인이요
동시에 결과요
팔방八方으로 방사放射되는 관계이므로
과거에도 뚫리고
미래에도 통하는
굴이다.
그러므로 이 생물의 생성의 신비 앞에서
나는 '인과응보' 라는
기가 막힌 단어마저 포기한다.
그러기에 아무리 작아도
하나하나의 사건에
태고의 의식儀式과
미래의 도원몽桃源夢이 깃든다.
그러니 어찌 다 헤아릴 건가

그 깊이 그 뜻을,
그 조짐 그 서광瑞光을.
생명 영원 사랑 안에선
모든 것이 다 이렇다.
나도 마찬가지다.
언젠가는 이승을 떠나겠지만
그것은 잠시 겪는 전환일 뿐
나의 생명은
더욱 선명해질 것이다.
그러니 지금은 어딘가에 숨어 있어도
그 때가 되면
핏줄이 같은 생물이 다 돌아와
둥글게 나를 둘러쌀 것이다.
그러고 보니 하루하루의 생물이
다 지나가 마감하는 인생 또한
한 마리의 생물이다.

전화 벨 소리에 그만
소스라치게 놀랐으니
왜 그랬을까?
글 빚 영원히 갚을 날 없는
글쟁이의 숙명일까?
슬프다.

　　　3
오후
학교
연구실
소파에서
단잠 잘 때
(물론 앉은 자세로)
반갑잖은 똑 똑 똑
노크 소리.

이때 내가 놀라는
이유는 내 알겠다.

4

벌써 여러 해 전
영국 옥스퍼드의 성 알로이시우스 성당에서
천상모후이신 성 마리아께 기구 드리고
기구가 제법 잘 됐다 싶은 기분으로
돌아서려는 순간
하늘에선지 어디에선지
칼날처럼 예리한 소리.
바람 소리도 아닌,
휘파람 소리도 아닌.
내 소름끼칠 정도로 놀라서
그 후론 그 성당에 홀로 있는 것이
무서워졌다.

그 소리는 초 칠한 마룻바닥과
내 신 고무창이 마찰하는 소리임을 알게 되었지만
그래도 왠지
그 후로는 혼자서 그 성당에서 기구 드리는 일이
무서워지는 것이었다.

　　　5
고마운 영국인
로데릭 휘트필드 교수에게
인사 편지 못 내고 조마조마하던 차에
다시 두툼한
「한국미술오천년전」의 카탈로그를 받았으니
이때의 놀람은 어찌됐든 간에
아이고
내야.
영원한 부랑당아.

6

북한강
짙은 안개 속
태양은
전구 5촉 정도라
좋은 기회라
마음놓고 태양 보기를
장난감 보듯 할 때
어디선지
쏜살처럼 날아와
태양 한복판을
정통으로 관통하고 사라지는 검은 새.
내 놀랐다.
무슨 조짐일까?

7

1984년 봄 어느 날
원고 전해드릴 일이 있어
구상具常 선생 서재에 들렀었다.
여의도 작은 아파트 한 채가
전부 구 선생님 서재인데
선생님 집필하시는 책상 바로 앞에 나 있는
작은 남향창南向窓에서
쏟아져 들어오는 햇살의 무리.
눈부신 햇살에서 돋는 무리.
조촐하면서도 소담하기 이를 데 없는
빛의 환위環圍.
이때의 나의 놀람은
차라리 황홀한 발견이었다.
추사秋史가 「小窓多光」이라 쓴 글귀가 있다지만
바로 이런 창을 두고 한 말인 듯.

지필묵紙筆墨이 온통 빛 속에 있다.
재보를 하늘의 창고에 쌓으시는 선생님은
하늘나라의 부자이심을 내 알았다.
구 선생님 글에는 늘
언령言靈의 빛이 서리는 까닭을
내 알았다.

　　　　8
잠깐 일을 보고 돌아오니
연구실 방문이 막무가내로 안 열린다.
내가 또 방심했나, 하고 살펴봐도
틀림없는 217호실.
문패의 이름도 내 이름이다.
열쇠를 꽂아봐도
문은 잠기지 않은 상태다.
약간 신비가이기도 한 나는

이상한 생각이 들었다.
도깨비가 안에서 장난을 하는 걸까?
그렇게 한참을 난처하게 있다가
알았다.
이 문은 밖으로 잡아당기는 문이 아니라
안으로 밀어 여는 문이다.
내가 왜 이럴까?
나도 이제 아인슈타인을 닮아 가나?

   9
이게 으악새 풀인가?
하며 보니
깨알은 어림도 없고
바늘 끝만한
아주 눈곱만한 이슬들이
이파리 전면에 쫙 깔려 있는 것이

은하의 별의
수효보다 많은 듯,
이야말로 이슬의 삼천대천세계로다.
아아, 놀랐다.
이슬이라 하면
의례히 녹두알 정도의 방울로만 알았는데
알고 보니 이런 미생물 이슬방울도
세상에는 있었구나. 있었구나.

셋잇단음표에 대하여

(안톤 부르크너의
교향곡 제4번의 어느 주제에서
4분음표 둘 다음에
4분음표 둘을
셋으로 쪼개는 악구樂句가 이어지는데
이상하게 아름다운 그 느낌의 비밀이
나를 놓지 않는다.
지하철에서도 나를 따라다니고
술집에서도
노란색 가로등에서도
신록의 숲에서도
어디에서나 따라다니는데
다음은 매혹적인 그 셋잇단음표가
나에게 뿌리는 파문의 여운이다.)

둘.

이어

셋으로.

이상한 노을이다.

따안따안하는 길이로 타박타박타박.

행성. 혜성. 충돌. 몰입. 몸뚱이. 머리.

유리적有理的 무리無理. 무리적無理的 유리有理.

무순無順이다. 과학. 신비. 접목. 겉멋. 참맛.

$\frac{1}{3}$.

0.3 3 3 3 3 3 3 3 3 ………

지紙면 끝까지. 세상 끝까지. 영원. 유예猶豫.

운명運命은 근육으로.

엿가래처럼 느는 시간. 부부. 아버지와 아들.

3위.

부르크너는 수도자였다.

성자聖者.도주. 정통正統. 이단. 기하. 연금술.

가열하다. 부드럽다.

숲 속이다. 폭포다. 바람이다.
小r에 대R. real? Roman?
말뚝 셋에 그렇게 넓은 공간이.
허사虛辭다. 동사다.
껍질 벗는 영혼이다.
울림이 열림.

2

논 위를 달리는
두 대의 그림자 버스

아아아아아아아아아아

양지바른 남향 창에서
쏟아져 들어오는 햇살을
나도 모르게
눈을 감고
(햇살은 더욱 눈부신 꽃다발)
입을 딱 벌리고
아아아아아아아아아아
하며
마치 요가 하는 사람의 자세로
(저절로 그렇게 되는 것이었다)
들이마셨다.
청명한 가을 날씨.
섭씨 18도.
나의 안 속속들이
육신과 영혼의
무한한 자양이

무량한 행복감이
스몄다.

무어가 한 번

무어가 한 번 구멍을 뻥 뚫고 나니
모두가 따라서 구멍을 뚫는다.
세상의 조각에 구멍이 뚫릴수록
최초에 뚫은 헨리 무어의 구멍이
제일 크고 깊숙하고
무서운 구멍이 된다.
예쁜 구멍 거친 구멍
헨리 무어의 구멍에 빨려든 나도
넓은 의미에선 무어의 제자다.
무어의 가족이 번창하는 광경은 즐겁다.

구멍 하나가 얼굴이다.
구멍이 젖꼭지다.
구멍의 매혹이 어디에서 오는 걸까?
그 내력이 얼마나 길까?
굴 속

어둠에 꿈.
빵 뚫린 창문.
신비관문神秘關門
저 너머.
아, 빛이 스민다.
구멍의 여명黎明이다.

애란 시인 예이쓰는
특별히 심상의 환기력이 강한 은유를
상징이라 했다.
〈시간의 파도에 씻기고 닳아빠진
조가비 같은 달이
떨리는 푸른 빛 하늘에 떠오른다〉
이러한 그의 시구가 생각난다.
예이쓰의 상징이나
무어의 구멍이나

서로 맥이 통하는 것이 아닐까.
어쨌거나 최초로 조각에 구멍을 뻥 뚫어
원초적 생명력을 불어넣은 무어다.
구멍 뚫은
헨리 무어 만세.

미시시

미시시微視詩.
우주시宇宙詩와
쌍둥이.
원자핵.
그 작은 속에
굉장한 힘이 고여 있다.
그 힘은 여간해서 안 터지지만
한 번 터지면
무지무지한
불이 난다.
동시에 질량은 없어진다.
교미하고 죽는 수펄처럼.
완벽한 탈진脫盡이다.
그게 미시시다.
소리의 소리다.
빛깔의 빛깔이다.

뿐의 뿐이다.
만화이자 신화神話다.
시의 금강석金剛石이다.
침이다.
제대로만 맞으면
만병통치다.
잘못 맞으면
따끔하고 만다.
미시시 침 잘못 맞았다고
사람이 병신되진 않는다.
우주엔
거대한 우주시와
아주 작은 미시시가 있다.
그 중간쯤의 시가 지구다.
(오오, 이 인연因緣
지구와의 만남.)

유일무이唯一無二한 걸작,
이를 데 없이 희귀하고 영묘靈妙한 시詩.
그게 지구다.

재미에 신들리면

재미에 신들리면
아무도 못 말린다.
몸이 바스러져도
밀고 나간다.
천사도 못 말리고
악마도 못 말린다.
흙을 금강석으로
별로 바꾼다.
홉으로 되로
말로 쌓인다.
세상 사람이
허공의 재미 볼 때
홀로 신음한다.
재미에 신들리면
그야말로 무섭다.
완.

괴.
월. 만. 지.
에디슨. 블레이크.
B. S. K.*

딜란. 로댕.
피카. 볼프강.
재미에 신들리면
우웅 소리가 나며
저절로 돌아간다.
가마로 쌓인다.
섬으로 쌓인다.
랄랄랄.
랄랄랄.
슈. 쇼. 베에.

　* Byron, Shelley, Keats

미묘한 동기에서*

미묘한 동기에서 꿈의 싹에 불이 켜져
이 불이 내 빵과 영예에 반달만큼 먹칠을 하지만
결국은 그 정기精氣가 음으로 양으로 나를 돕는 통에
나는 더욱 큰바람의 풍년을 거둬들인다.

먼데서 들려오는 천둥의 장단에 내 영혼의 북이 들떠
함께 두드려대는 법석에 금싸라기 시간이
몇 초의 꼬리만큼밖엔 안 남고 다 달아나
나는 귀뚜라미 신음으로 요리조리 흙빛 빚을 빠져나
갈 궁리를 한다.

어느 틈에 볼품없는 부스러기들이 걷잡을 수 없이 모
여들어
나의 삶의 성채를 쌓고, 염통 무늬 창문으로
호랑이도 사슴도 두더지도 여울도 다 내다보인다.

모두가 사이좋게 먹고 먹혀도 끔찍하게 복수하지 않
는다.
  털벌레가 나비 되는 만화도 신화 같고 신화도 만화 같
다.
  다들 풀이 무성한 언덕에서 파란 찬미를 풍긴다.

* 예술가의 삶을 읊은 시다.
   현실적으로 손해도 많이 보지만 돌아오는 보람도 적지 않다.

삼계에 뚫린*

　　삼계三界에 뚫린 기묘한 길을 오래 헤맨 마음과 마음
이
　　서너 번쯤 스치는 사이 하늘과 땅이 부딪힐 때 이는
거룩한 불꽃의
　　불똥이 튀어 라듐처럼 함께 타기 시작하여

　　마주보면 황홀하고 헤어지면 허전해져
　　만남의 빈도와 예절의 음정이 점점 높아지다가
　　마침내 목숨을 담보로 언약을 하고 둘이 하나로 녹아드니
　　마술보다 신기한 숫자놀이의 열매가 가지마다 열린
다.

　　그러다가 행복의 복판에서 아니나다를까 하찮은 동기
에서
　　3도 화음으로 잘 나가던 은실 금실 두 줄의 금슬에 금
이

　　꿀사나운 매듭을 풀지 못해 간격을 두고 신음으로 메
아리 하다가

　　결국 가을 순례자로 겨울 나그네로 따로따로 나서
　　수석 캔다 별 구경한다 하다가 차츰 모두 빈사상태가
되어
　　무조건 한 지붕 밑에 도로 기어드니 세상 무서움을
　　실감한 두 실이 이번에는 아예 대위법 한 노끈을 꼬아
나간다.

　　* 부부의 인연이 이 시의 주제이며 또 줄거리다.

저 두엄이 왜 그렇게 아름다운가

저 두엄이 왜 그렇게 아름다운가.
모양 빛깔 질감質感하며
양감量感하며
아름다움의 으뜸이다.
잘 드는 낫으로
한두 번 탁탁 쳐놓은 듯한 좌우左右.
가운데는 약간 찌그러진 갓 모양.
쏟아지는 햇살 속에서
황금후광黃金後光을 두르고 있다.
저 두엄이 왜 그렇게
보는 이의 넋을 앗아가는가.
그 비밀을
오늘 나는 다시 한번 깨닫는다.
저 두엄 안엔 사랑이 배어 있다.
해 사랑
땅 사랑

무엇보다도 농부의 사랑이
흠뻑 배어 있다.
정력투입精力投入의 원리이다.
오늘 나는 나의 공식을 완성한다.
그것을 아인슈타인의 공식 옆에
나란히 놓아 보면

사랑=시간

사랑은 매일매일 쓰다듬는다.
사랑은 기氣다.
정성이다.
힘이다.
풀, 짚,
사람 똥오줌, 가축 똥오줌,
무슨 무거리 따위 온갖 잡살뱅이가

모두 섞여 푹푹 썩고 농란濃爛히 곰삭아
독했던 만큼 짙은 자양이 된다.
김이 무럭무럭.
아지랑이 하늘하늘.
원인은 사랑이다.
수레는 시간이다.
밀핵密核은 농축濃縮이다.
그러나 1989년 4월 2일 일요일.
(일진 탓일까)
저 집채만한 두엄이
왜 그렇게
보아도 보아도 아름다운가.

상대성원리와 사랑

사랑은 시간과 공간을 늘였다 오므렸다 한다.
기다림은 길고 만남은 짧다.
사랑은 좁은 방을 늘어나게 하고
하늘을 줄여 천장에 편다.

상대성원리.
내가 평생 짝사랑한 신비의 울림.
나이 칠십이 되어 겨우 깨쳤다.
그래서 나는 올해 행복하다.

요컨대 어떤 상황에서도 빛의 속도가 불변이라는
관측 결과를 설명하기 위해선 서로 움직이는 두 물체
의
시간과 공간이 늘거나 줄거나 하는 수밖엔 없다.
맞나?

질량이 있는 곳에선
공간이 휜다.
빛도 지나가다가 끌려
휜다.

기묘한 우주.
아인슈타인 만세.
그런데 가만 있자.
정말 장엄한 '사랑의 통일장론統一場論'은?

나긋나긋 유방의 능선처럼 휜다.
말랑말랑 신축자재한 유기질 좌표.
피의 생리가 스민 '사랑의 큰 마당' 아닌가.
우주 만세.

현실과 시
— 21세기의 시를 열기 위한 서설

산문의 시대가 거去하고 시의 시대가 래來하도다.

　　1
차를 타고 갈 때
운전하는 사람이 갑자기 브레이크를 밟으면
잘잘못은 어찌 됐든 간에
우리의 몸은 앞뒤로 흔들린다.
그것은 보기에 따라서는
깨끗하고 아름다운 단진동이다.
몸은 이윽고 정지하겠지만
한번 출렁거린 율동 자체는
영원히 영원히 지울 수 없다.

　　2
시를 쓸 때
처음 어딘가에서 구두점을 찍어

호흡에 한번 제동을 걸면
그렇게 뒤뚱거린 장단의 여파는
출렁이며 출렁이며 끝까지 간다.
어쨌거나 그 장단의 틀은
나름대로 미묘하다 아니할 수 없다.
초고에서 출렁인 파문은
탈고 때는 물론
재판, 선집, 문고판, 전집이 나올 때도
명맥을 유지한다.

    3

차를 타고 어딘가에 가는 일이나
역사의 수레를 타고 어딘가를 향하는 일이나
다 현실이다.
현실엔 현실의 흐름이 있다.
역학力學이 있다.

현실에서 가정법은
차가 꽉 막힌 길에서 답답하다고
경적을 빵빵 울리는 것만큼이나
부질 없는 일이다.
현실을
축軸이 몇 개 있는 역학의 좌표에서
축이 몇 개 더 있는 얼의 좌표로
옮겨 놓으면
시다.
이 자리엔
사랑이 있다.
가정법이 숨쉴 여백이 있다.

　　　4
충격으로 말미암은 우리 몸의 흔들림은
파란과 곡절 끝에

시의 장단과 가락에 닿는다.
힘의 얼개와
얼의 얼개 사이엔 엄연히
불연속의 연속의 대응이 있다.
구두점을 찍고 안 찍고는 시인의 마음이지만
시인의 마음 안엔
천지인 삼재三才의 태극이 있다.
명령에 아름답게 복종하는 반사신경의 기억이 있다.
근육도 있고 통제도 있다.
탐험도 있고 현기증도 있다.
어쨌거나 미묘하게 미묘하게 망설이다가
때로는 깃털로 어루만지듯
때로는 송곳으로 구멍을 뚫듯
점을 찍는다.

5
시는
역사의 흙을 굽는 요업窯業이다.
(그중 과학도 좋은 도토陶土다.)
따라서 시도 그만큼은 역사이지만
현장체험의 골격이
얼마나 깊이 있고 그윽한 무늬와 장단으로
변신해 있단 말인가.
시는 육체노동 가치이자
정신노동 가치다.
소재素材와 종점終點 사이에
빛의 신비로운 굴절이 있다.
자유와 창조의 인과가 있다.
고통의 황홀이 있다.
왜 시를 쓰는가?
시는

하늘나라 어딘가에 멀리 스민
우리의 뿌리 더듬기다.
시는
시를 더 열기 위해서 쓴다.

시는
나신裸身으로 오는 미래만큼이나
항상 두렵도록 신선한 처녀지다.

논 위를 달리는 두 대의 그림자 버스

논 위를 달리는 두 대의 그림자 버스
가
길 위를 달리는 두 대의 실물 버스
보다
훨씬 더 재미있다.
두 대의 그림자 버스의 모양이
(약간 흐린 날이라)
둥그스름하게 털옷을 두르고 있다.
내가 타고 있는 그림자 버스 창에
사람 머리가
하나, 둘, 셋, 넷, 다섯,……
열쯤 된다.
실물 버스의 운전석 해가림이 청색 필름이라
논 위에 계속 청화靑華 무늬가 번진다.
그지없이 아름다운
꿈의 무늬다.

논 위를 달리는 두 대의 그림자 버스
2005. 8. 25 (목) 성찬경

푸른 점박이 그림자 버스가
논을 마구 쓸고 가도
풀 하나 흔들리지 않는다.
마구 훑어도
검은 흙 한 톨 튀지 않는다.
두 대의 그림자 버스가
소리 하나 안 내고
비닐집도 넘고 넘어
솔밭도 넘고 넘어
경쾌하게 달린다.
힘의 낭비가 영이다.
올라갔다 내려왔다
신동의 악보다.
착 붙어
논을 핥는다.
얼마나 맛있을까

전내기 진간장
반지르르 들기름에 꿀 흐르는 땅.
논과 그림자 버스는
알몸과 알몸.
납작한 밀착이다.
철저한 천착이다.
완벽한 이별이다.
흔적은 무구無垢다.
나와 저 그림자는?
이 버스와 저 버스는?
플라톤?
두어라.
농밀濃密한 농밀한 사건이지만
시간 위를 미끄럼 타듯
형이상形而上의 현상이다.
논 위를 달리는 두 대의 그림자 버스

는
동화 나라 두 대의 진짜 버스다.

3

요소시

요소시

요소시要素詩다
요컨대 바수고 또 바수어 끝으로 남은
사금파리 조각을 모은 시다.
누군가가
'결국 요소시는 미니멀리즘 계열이군요' 한다.
일리 있는 말이다.
그러나 무엇이라 불러도 좋다.
모든 장식이 가짜 황금인 이 시대
모든 서정이 삭은 지푸라기인 이 시대
모든 말이 부도난 어음인 이 시대
모든 은둔이 쇼인 이 시대
모든 예술이 TV 광고인 이 시대
모든 아름다움이 목 졸리는 이 시대
무시무종무염無始無終無染으로
반짝이는 것은 요소뿐이다.
그러니 요소시다.

기로서

기氣로서
나니
기氣로써
나아가자.
기氣는 동심童心.
기氣는 노심老心.
기氣는 소심素心.
젊은 늙은이.
늙은 젊은이.
이것이 시심詩心이다
기氣로 살고
기氣로 쓰고
기氣로 죽는.

氣

기氣는 덩어리.
덩어리하고도 보석.
보석 하고도 금강석金剛石.

금강석은 기氣.
기氣 하고도 노을.
노을 하고도 허虛.

기氣는 삼투滲透.
기氣는 관통貫通.
기氣는 정령精靈.

기氣는 늠름.
기氣는 아름다움.
기氣는 사랑.

氣는

기는
몬의
얼.

몬은
기의
몸.

때가
되면
벗는 몸.

기의
나라
하늘.

기로

기氣로 나아가야지.
절대
기氣로 나아가야지.

엑스선 같은
기氣로 나아가야지.
레이저선 같은.

가는 길
한 가닥 빛이 스미게
기氣로 뚫어야지.

마침내
기氣로 터져야지.
뻥 터져야지.

기를 뽑는 것이 기쁨이라던가

기氣는 기쁨이다.
어린이는 기다.
어린이는 기쁘다.

아픔과 괴로움은
기가 증발한 후에 오는 증상이다.
이름 없이 피는 곰팡이다.

기는 늘 가득 고여 있어야 한다.
넘쳐흘러야 한다.
기부족증氣不足症에서 탈이 난다.

기가 기를 부른다.
기에 관한 한
부익부 빈익빈이다.

아아, 반짝이는 잔물결.
평화여. 기쁨이여.
기의 호수여.

要素體

楷行草篆隷

歐體顏體秋史體

要素

要素

要素體

氣素

氣素體

要素藝術

氣素書藝

氣素美術

氣素舞

要素建築

要素體育

氣素哲學

要素行爲

要素戀愛

氣素旋律

氣素和聲

氣素不協和音

氣素反文學

解體要素

超現實要素

巨視要素

微視要素

人間要素

天使要素

獸要素

氣要素

體要素

要素詩

絶對詩

氣素詩

氣詩

동사로 쓴 시

가다
오다
오다
가다
생각하다
아, 〈생각하다〉가 걸리는구나.

먹다
자다
누다
싸다
보다
듣다
뛰다
기리다
생각하다

아, 〈생각하다〉가 걸리는구나.

여기다
느끼다
세다
헤아리다
괴다
생각하다
아, 〈생각하다〉가 걸리는구나.

사랑하다 사모하다 찬양하다 결박하다
식사하다 음미하다 시기하다 배척하다
실험하다 산책하다 공감하다 시위하다
행군하다 정치하다 도착하다 치부하다
순열조합하다 공동번역하다 만세삼창하다
생각하다

아, 〈생각하다〉가 걸리는구나.

생각하다 생각을 하다
생각을 곰곰이 하다
하다 생각을
생각을 어저께도 오늘도 내일도 모레도 글피도 하다
아, 〈생각하다〉가 걸리는구나.

왜 가다 오다 빼다 박다 먹다 보다 듣다 하는 식으로
생각을 못하는가
생각은 않고 먹기만 했는가.

?다?
?다?
?다?
하다못해

「괴다」라도
빌려 써야 하지 않겠는가?
그립구나
먹듯 생각했을
사라진 그 말.
다시 태어나라 그 말.
다시 태어나라 그 말.

(설명: 이 시는 순 우리말로 〈생각하다〉의 표현이 안
된다는 점이 너무도 안타까워서 써본 시다. 가령 〈먹다〉
〈자다〉 〈뛰다〉 등과 〈식사하다〉 〈취침하다〉 〈주행하다〉
따위의 표현을 같은 것으로 볼 수 있겠는가. 언어학적으
로도 형태소의 수가 다를 뿐만 아니라 전자의 표현이 후
자의 표현보다도 훨씬 더 말하는 이의 정서와 직결돼 있
으며 또한 정다운 표현이기도 하다. 철학하는 이도 문학
하는 이도 이 점을 지적하는 사람은 거의 없는 것 같다.

하루 빨리 〈먹다〉 〈자다〉식으로 생각한다는 표현을 할
수 있는 날이 왔으면 좋겠다. 그래서 〈생각하다〉의 고어
인 〈괴다〉를 빌려서 쓰면 어떨까 하는 생각까지 해 본
것이다. 원래 생각한다는 것과 사랑한다는 것은 같은 것
이니까.)

다 오라

‘싱그러운’
‘하염없이’
삥끼* 같은 이 두 말만은 빼고
나머지는
무슨 말이고
오라.
다 오라.
다 오라.
늘
시나브로
비스듬히
번개 번쩍
곧장
통
아슬라히
고즈너기

꽤
싸게
느릿느릿
애오라지
아련히
어렴풋이
오련히
삭
또렷이
오롯이
뿌옇게
어른어른
환히
대낮에
황혼녘에
가멸지게

가난하게
막
어여쁘게
왁자지껄
미쁘게
되게
늠름하게
하늘하늘
오라.
다 오라.
다 오라.

* 뼁끼=페인트

무지무지하게

무지무지하게
무지무지한
어마어마하게
어마어마한
지독하게
지독한
혹독하게
혹독한
그렇지
그렇게 그렇게
짓이겨서
아주 끝장을 보게시리
('끝내주게' 란 말을
나는 쓰지 아니함.
왜냐하면 원래 이 말이
빨리 일을 끝내고 사내를 갈아치워야 하는

창녀의 처지에서 나온 말이라는 것을
내가 알아버렸기 때문임.
그런 줄도 모르고 사람들은
‘끝내주게’ ‘끝내주게’ 하며 이 말을
즐겨 사용함.)
무자비한
무자비하게
무참한
무참하게
잔인한
잔인하게
혹독한
혹독하게
그렇지 그렇지
그 놈들
a b c d 부터 그 몹쓸 j놈을 거쳐

x y 놈에 이르기까지
그 놈들 모두
까불지 못하게
다시는 고개를 쳐들지 못하게
치도곤히
묵사발이 되게
요절이 나게
아주 구단이 나게
주리를 틀어
썩어 문드러지게
삭
조져
무쇠도 녹게
염라대왕도 울게시리
그만 하고 이번에는
솔솔솔

살살살

슬슬슬

아주 스리살살

간지럽게

낯뜨겁게

환장하게

간드러지게

얄리 얄리

얄랑

(고어 수집은 보류하고)

지겹게

징그럽게

시도 때도 없이 (이 말도 나는 쓰지 아니함.)

한도 끝도 없이 (이 말도 나는 쓰지 아니함.)

배배 꼬이고 꼬이게

왕창 박살이 나게

푹푹 찔러
휘휘 돌려
(너희들의 실상을 보라.)
메주 뜨듯 누렇게 뜨게
연일 높이 뜨게
떨어질 땐 떨어지게
가련하게
굽이굽이
멋들어지게
구슬프게
가락이
흘러 흘러
휘영청 달 밝은 밤에 긴 배에 홀로 누워
어지간히 깊은 신음 토하는 적에
그렇지 그렇지
그렇게 그렇게

속 시원하게
확 풀리게
오장육부가 다
후련하게
뼈 속까지
녹게시리

4

똥

조립완구

막
나사
반투명
모세관 현상
미적微積 vector
도플러의 효과
호뭉쿨루스 동사 먹다
파이 궁宮 괄호 그물
고리 접속사 벽돌 결정結晶
금강석 점묘點描 방울 사랑 초록
슬기 벽개劈開 프리슴 벌레소리 밀핵密核

먹고

먹고
자고
자고
먹고

깨고
먹고
먹고
깨고

가고
먹고
오고
먹고

놀고

하고
하고
먹고

먹고
세고
재고
벌고

벌고
하고
쓰고
먹고

밝고
먹고

지고
먹고

먹고
하고
하고
지고

먹고
삭고
삭고
가고

사랑

사랑
슬기
사람
이슬
염통
기름
가슴
나무
달래
소금
바람
마을
나라
가을
소리
누리

번개
피리
사발
가락
마디
즈믄

해

해
달
별
땅
빛
김
참
물
불
흙
넋
피
숨
몸
맘
말

잠
얼
꿈
범
솔
멋
쌀
땀
일
술
삶
메
똥
뽕
님
쇠

눈
손
곰
발
밭
글
코
빰
뺌
귀
입
벗
집
끈
꽃
돌

책
때
곳
옷
신
낯
밤
씨
봄
틀
나
너
애
남
붓
실

솥
독
못
춤
품
개
놀
굴
울
칼
풀
칡
톱
꾀
샘
살

112

털
팥
콩
돈
벼
소
뱀
알
꿩
배
닭
씨
밥
싹
셋
떡

숲
감
철
비
홈
끌
터
몬
쌈
엿
멍
새
활
벌
뿔
꿀

뼈 젖 틈 혀 내 끝 힘

한

한
두
온
단
짠
신
쓴
된
찬
긴
흰
싼
헌
세
새
선
큰

학
수
맥
도
선
강
악
례
한
덕
혼
시
기
문
산
미
핵

밝

밝
삶
맑
넓
젊
곬
뚫
끓
늙
값
닳
훑
긁
흙
돐
끊
읊

님[1]

님해째개쪽이길씨결짓가살골질깔톱

새
채
틀

시작노트2)

이번에도 일자일행시一字一行詩의 연습이다. 이미 누
차 밝혀온 대로 이런 시를 나는 〈요소시要素詩〉라 부르고
있다. 핵심적인 뼈대만 남아 있는 시. 그런 시를 두고 하
는 말이다. 물에 물 탄 듯한 웬만한 시보다는 이런 식의
시가 더 신선도 있는 시일 수가 있다. 요새 비평에서 말
하는 '해체이론'과도 맥이 통할지 모르겠다. 우리말 중
에서 홀로 쓰이기보다는 곧잘 딴 명사와 결합하여 쓰이
는 말을 생각나는 대로 적어 보았다. 내가 아직 모르는,
묘미 있는 말들이 많을 것이다. 어쨌든 간에 님은 하느
님, 선생님 하는 님, 해는 내 해 네 해 하는 해, 째는 첫째

둘째 하는 째, 개는 깔개 마개 하는 개, 쪽은 이 쪽 저 쪽
하는 쪽, 이는 어린이 늙은이 하는 이, 길은 손길 발길,
길들다 하는 길, 씨는 솜씨 맵씨 하는 씨, 결은 살결, 비
단결 하는 결, 짓은 몸짓 입짓 하는 짓, 가는 길가 호수가
하는 가, 살은 햇살 화살 하는 살, 골은 구두골 망건골 하
는 골, 질은 고자질 오입질 하는 질, 깔은 빛깔 때깔 하는
깔, 톱은 손톱 발톱 하는 톱, 새는 생김새 매무새 하는
새, 채는 머리채 총채 하는 채, 틀은 베틀 날틀 하는 틀이
다. 순우리말이 갖는 함축적인 힘과 여운이 음미해볼 만
할 것이다.

註 1) : 이 시를 李茂原님 卜圭百님께 바친다.
註 2)3): 이 '시작노트' 도 이 시의 구성요소다.
註 3)4): 이 註(3) 또한 그러하다.
註 4)5): 이 註(4) 또한 그러하다.
註 5)6): 이 註(5) 또한 그러하다……

一字一行詩

가.
와.
봐.
해.
둬.
파.
써.
자.
펴.
꿔.
쏴.
매.
쳐.
서.
놔.
꺼.

켜.
까.
쥐.
빼.
터.
따.
재.
짜.
껴.
퍼.
대.
떠.

시작노트 [1]

要素詩

내가 더러 시도해 보는 〈요소시要素詩〉의 일종으로서, 일자일행의 형태다. 행이 모두 순 우리말의 동사이며, 단화된 명령형이다. '가' 는 '가라' 의 뜻이고 '와' 는 '오라' 의 뜻이다. 이리하여 각 행의 뜻을 한자로 표시해 보면, 往, 來, 見, 行, 藏, 掘, 書, 寢, 展, 夢, 射, 縛, 擊, 立, 置, 消, 照, 剝, 與, 除, 始, 取, 測, 織, 挿, 汲, 接, 去, 이렇게 될 것이다. 군더더기를 뺀 순 우리말이 갖는 간결한 아름다움과 힘을 음미해 주었으면 한다.

註 1) 이 시작노트도 이 시의 구성요소임.

활짝

활짝
깡그리
훌쩍
썩
막
되게
퍽
싹
푹
싹둑
짓
쑥
빵
꽝
매우
아주

사뭇
몽땅
도무지
꽤
흠씬
통
온통
된통
제법
자못
<u>스르르</u>
살짝
폭삭
삭
팍

시작 노트 [1]

　이번에는 부사의 구실을 하는 말들을 모아 보았다. 예컨대 '썩' 은 '썩 좋다' 의 썩, '싹' 은 '핏기가 싹 가시다' 의 싹, '짓' 은 접두어이긴 하지만 '짓이기다' 의 짓, '삭' 은 '삭 굶기다' 의 삭, '팍' 은 팍 쓰러지다 '의 팍이다. 순 우리말 부사는 가차없고 정력적이며, 어딘지 모르게 익살스럽기도 하다.

註 1) 이 시작노트도 이 시의 구성요소임.

흙

용어 풀이와 팔레트 걸어놓기

성   찬   경

여기 모은 시는 대개 1990년을 전후해서 씌어졌다. 예컨대 「셋잇단음표에 대하여」는 《현대시학》 1988년 9월호에, 「논 위를 달리는 두 대의 그림자 버스」는 《문학정신》 1989년 1월호에 실렸다.

이 시집에서는 대체로 내가 '요소시要素詩'라 부르는 시만을 뽑아서 모아 보았다.

진작 나왔어야 할 시집인데 이런저런 사정으로 지연되어 오다가 이번에 김종해 시인의 도움으로 겨우 빛을 보게 되었다. 김종해 시인에 대한 나의 감하가 참으로 크다. 또 졸시에 대한 아름다운 평문을 남겨주신 이윤택 님 이경호 님 두 분께도 심심한 감사를 드린다. 인연이 닿아 이 시집을 읽어주시는 독자 여러분께도 깊은 감사를 드린다.

독자 여러분의 편의를 위해서 지금까지 내가 만들어낸 비평적 개념 한둘에 대하여 간략한 설명을 드릴까 한다.

먼저 '우주율宇宙律' 이란 말이 있는데 이 말은 듣기는 무언가 굉장한 것 같아도 내용은 그렇지가 않다. 시의 리듬과 관련되는 이 말은 운문과 산문의 중간쯤을 가는 문체를 가리킨다. 운문인 듯 싶은데 산문의 기능도 들어 있고, 산문인 것 같은데 운문의 운치도 있는 그러한 문체다. 그리하여 운문의 장중함과 산문이 갖는 정밀한 표현의 기능을 다 지니도록 하자는 취지에서 나온 궁리이다. 나는 지금까지 이 '우주율' 에 의해서 시를 써왔고, 지금도 그렇게 하고 있다.

나는 시에서의 실험은 시의 호흡 같은 것이라 생각한다. 시시각각 새로운 시간인 미래가 밀려옴으로써 우리 생존의 환경과 조건이 조금씩 조금씩 바뀌고 있다. 새 상황에 대응하는 새 정서를 담기 위해서는 표현상의 '새 틀' 이 필요하다. 이 '새 틀' 을 찾으려는 노력이 실험과 결부되는 것이다. 엄밀히 따져 본다면 한편 한편의 시가 모두 새 실험의 장場이 아닐 수 없다.

나는 지금까지 줄기차게 '밀핵시론密核詩論' 을 추구해 왔고, 이 노력은 지금도 계속되고 있다. '밀핵시' 란 한 마디로 시가 담을 수 있는 '의미의 밀도' 추구다. 단순한 '의미' 가 아니라 의미의 '밀도' 추구인 것이다.

물리학에서 '밀도' 란 단위 체적에 대한 질량의 크기를 말한다. 무겁다고 밀도가 나가는 것이 아니라 부피는 작은데 무거워야 그만큼 밀도가 나가는 것이다. 시에서의 의미의 밀도도 마찬가지다. 시의 규모, 크기, 길이에 비해서 많은 의미를 담도록 해야 한다. 말하자면 '의미의 다이아몬드' '의미의 라듐' 같은 시가 '밀핵시'이며 나는 평생 이런 시를 추구해왔다.

위에서 잠깐 말씀드린 바 있는 '요소시'도 밀핵시의 탐구 과정에서 필연적으로 만나게 된 시의 개념이며 유형이다. 시에서 '의미의 밀도'를 높이기 위해서는 최대한 말을 절제해야 하며 가능한 한 군더더기 말은 빼야 한다. 그리하여 의미의 핵심부분, 심상의 핵심 부분만을 간명하게 남기려는 것이 '요소시'의 취지이다. 발효한 술을 다시 증류하여 주정酒精을 얻듯이 보통 시를 증류하여 '요소시'를 얻는 것이다. 이런 시에 이름을 붙이는 과정에서 '요소시要素詩' '기소시氣素詩', '기시氣詩' 등 여러 말이 나왔지만, 이 말들은 다 '요소시'와 같은 개념이며 동의어다.

'요소시'를 더 압축하는 방법은 없을까? 끝까지 가보자. 기왕에 출발한 방향이니 어떠한 결과에 표류하게 되건 개의치 말고 가는 데까지 가보자.

이렇게 하는 과정에서 나온 것이 결과적으로 낱말만을 모은 모양이 된 시다. 2자 1행 22행 시라 할 수 있는 「사

랑」(본문 106쪽)과 한국 최초의 1자 1행 시가 된 「해」(119
행, 본문 108쪽)가 그 보기다. 이 두 편의 시는《현대시사
상》1992년 여름호에 실렸다.

　이러한 시적 실험을 밀고 나가는 동안 나는 새로운 시적
원리에 상도想到하게 되었다. 여기에서 '사랑' '슬기' '사
람' '이슬' 따위 낱말들을 생각해보자. 모두가 깊은 뜻과
뜻의 향기를 지니는 보옥 같은 우리말이다. 그런데 이런
말들이 시 안에 들어가면 말들이 서로 생기를 주고받아 더
욱 빛이 나게 되는 것이 아니라, 대개의 경우 이와는 정반
대의 결과가 나타난다. 이러한 말들을 살리는 것이 아니라
대개의 경우 오히려 죽이는 것이다. 이것은 물론 시인으로
서의 나의 역량力量 부족 탓이다. 보통 문제가 아니다. 이
때 한 생각이 섬광처럼 스쳤다.

　그림 그릴 때 물감을 짜서 차례로 팔레트에 늘어놓으면
모든 색이 아름답게 살아서 빛난다. 그런데 색들을 섞어
캔버스에 칠하면 빛깔이 대부분 탁하게 죽어 있는 경우가
많다. 그렇다면 그림 그릴 생각을 치우고 그 팔레트를 작
품으로 대우해서 벽에 걸어놓고 감상하면 될 것 아닌가!

　낱말들을 서투르게 꿰매어 누더기를 만들 것이 아니라
본래 청정한 우리말을 있는 그대로 모아서 시의 자리에 앉
히는 것이다. 말하자면 미술사에서 모든 기성품을 미술품

으로 본 마르셀 뒤샹의 생각과 맥이 통한다. 동시에 이런 시는 일종의 '메타시'가 되기도 한다.

'걸어놓은 팔레트' 격인 이러한 시는 보통 시를 감상하는 경우와는 사뭇 달라서, 순 우리말 자체를 음미하는 것이 곧 시의 감상이 된다. 그리고 보니 하나하나의 우리말이 품고 있는 멋과 힘과 깊이는 가히 형언을 할 수가 없을 정도라고 느껴져서 가슴이 설레었다. 가령 '흙'이란 말을 음미해 보자. 생명을 키우는 흙의 포근함과 신비가 이 말에 다 용해되어 있지 않은가. 덧붙여서 말할 것은 내가 알고 있는 한 이런 식으로 이런 시를 쓰는 것이 가능한 언어는 세계에서 우리말밖엔 없다.

1자 1행 시「해」를 쓰는 데에 나는 많은 시간과 궁리를 기울였다. 이때 나는 음악에서 12음 기법을 개척하는 과정에서 '세리' 이론에 열중하는 셴베르크의 경우를 연상하기도 하였다. 여기에 모은 말은 모두 단음절짜리 순 우리말이다. 단음절짜리 순 우리말이라야 한다는 것, 이것이 1자 1행 시의 불문율이다.

이론상으로 한 편의 시에서 의미의 밀도를 최대한으로 높이려면 말과 글자의 수를 최소화해야 되며, 글자 하나가 시 한 편이 된다면 의미의 밀도의 최대치를 얻게 된다. '일자일행시'에서 시의 행수行數를 최소로 줄였을 때 1행이 되는데 이 때는 글자가 하나밖에 남지 않게 된다. 이렇게 해서 '일자시一字詩' 일명 '절대시絶對詩'가 나왔다. 이 시집 끝부분에 나오는 시 「똥」(본문 128쪽)과 「흙」(본문 130쪽) 이 그것이다.

'일자시' 또는 '절대시'는 글자 하나가 동시에 시의 제목이자 시의 내용이다. 그런데 이 때 이 글자 하나가 시로서 성립할 수 있는 최소한의 여건을 갖추고 있느냐 하는 문제가 생길 수 있다. 즉 시에서는 은유의 구실이 매우 중요한데 은유는 반드시 'A는 B'라는 2항項이 필요하다. 그런데 일자 시는 1항밖에 없으므로 은유적 구조를 채울 수가 없다는 비판이 예상되는 것이다.

일자시의 경우 한 글자의 낱말이 은유의 한 쪽 항項이라면 그 한 글자를 둘러싸고 있는 넓은 백지의 여백이 은유의 또 하나의 항을 맡게 된다. 이런 까닭에 일자시에는 넓은 백지의 여백이 반드시 필요하다. 예를 들어 '흙'이라는 일자시가 있다면 '흙=백지', 또는 '백지=흙'의 은유적 관계가 성립되며 이런 관계를 놓고 독자는 각자 자유로운 상상의 날개를 펼 수 있다.

그런데 백지(여백)는 문자가 아니다. 백지는 미술적 개념에 속하는 공간이다. 따라서 일자시에서 은유의 1항으로 백지의 도움을 받는다면, 그것은 미술의 도움을 받는

셈이 된다. 이런 관점에서 본다면 일자시는 문학과 미술의 '퓨전fusion' 적 장르가 된다.

아무리 그렇더라도 넓은 백지에 글자 하나를 놓고 시라고 하기가 어딘지 뻔뻔스러운 것 같아서 작은 활자로 산문시를 닮은 설명을 붙였다. 이 설명은 동시에 시의 제목이자 시의 내용이 되는 그 낱말 자체에 대한 관찰과 고찰이 들어 있다. 이런 경우 그 말소리를 음미하고 동시에 말뜻을 살펴보게 된다.

이 '설명' 이 '일자시(절대시)' 의 구성 요소인가, 아니면 어디까지나 설명에 불과한 것인가, 하는 문제는 독자 여러분의 판단에 따라 결정된다.

'절대시(일자시)' 라고 하면서 때로는 긴 설명이 붙어 있다. 그래 가지고 무슨 '절대시' 인가? 이런 의문이 또 생겼다. 과감하게 아예 설명도 무엇도 없는, 순전히 글자 하나만의 '일자시' 는 안 될까? 나는 작심하고 이러한 일자시를 발표했다. 《조선문학》 2000년 1월호에 난 「불」과 「물」이 그것이다. 이 시집 맨 끝에 오는 시 「흙」(130쪽)도 이에 속한다.

설명도 붙어 있지 않은 이러한 '절대시' 를 나는 절대시하고도 '순수절대시' 라 이름 붙였다. 어쨌거나 나는 앞으로 '절대시' 만을 모은 시집을 한 권 엮을 생각이다.

'밀핵시' 에서 '요소시' 로 '요소시' 에서 '일자일행시' 로 '일자일행시' 에서 '일자시(절대시)' 로 '절대시' 에서 다시 '순수절대시' 까지 왔고, 이 '순수절대시' 가 '밀핵시' 를 끌고 온 나의 실험적 추구의 종점이자 귀착점이 되었다.

이제 나는 밀핵시의 극점에 서서 사방을 둘러본다. 더는 갈 곳이 없다. 그러나 이제 어디로 가도 상관이 없다. 나는 해방과 자유를 느낀다.

이제 나는 그 동안 터득해온 시적 방법을 시 쓰는 도구로 사용하면서 자유로이 시의 세계를 방랑할 것이다.

(2005년 5월)

느낌에서 언어형상에로의 온전한 이행

— 성찬경의 「셋잇단음표에 대하여」

이　윤　택

성찬경의 깊은 울림, 섬세한 언어 조탁, 한 이미지를 추적하는 집중도, 그리고 생생한 현실감으로 끌어내리는 구체적 삶의식 등에서 이만큼 짙고 안정감 있는 시적 구성력을 발견하기는 어려울 것이라는 대체적 결론에 이르렀다.

올해(1988년) 발표된 성찬경의 작품 중에서 무엇을 평론의 대상으로 삼을 것인가 하는 점에서 또 다른 고심이 뒤따랐다.

농축된 이미지의 힘은 「셋잇단음표에 대하여」(《현대시학》 9월호)가 단연 돋보였고, 시와 삶의 구체적 연계성을 확보하고 있다는 점에서는 「驚愕選」(《현대시학》 9월호)이 자유로웠다. 특히 「驚愕選」은 일상과 비일상의 교차가 시인의 순간적 통찰력에 의해 무리 없이 교합되면서 넘어가고 있다는 점에서 수준 높은 정신성의 경지를 보여준다. 그러나 대상작품은 결국 「셋잇단음표에 대하여」로 정했

다. 이 결정은 사실 성찬경 시인 개인의 작업에 한정시키
고 싶지 않은, 평자 나름의 88년 시단 전반적 분위기에 대
한 경고적 의미와 관련된다. 응집력과 반전의 섬광, 집요
한 상상공간에의 탐색, 그리고 진한 울림의 깊이가 조금씩
약화되고 있는 현 시단의 전범으로서「셋잇단음표에 대하
여」는 분석된다.

　음악은 최고의 감수성이다. 칸트가 이와 비슷한 발언을
했지만, 선율을 따라잡기란 예삿일이 아니다. 언어로써 선
율을 포획하려는 노력은 동서고금을 통틀어 시인들의 꿈
이기도 했다. 스트라빈스키의 무용조곡「봄의 제전」을 시
적 구성력으로 표현하는 데 성공한 윌리암 카알로스 윌리
암스 같은 시인이 좋은 사례가 된다. 성찬경은 안톤 부르
크너의 교향곡 제4번을 모티브로 하여 자신의 감수성을
독자적으로 표현하려 한다. 그 첫 단계는 의문부호로 연결
되는 묵상이다.

이상하게 아름다운 그 느낌의 비밀이
나를 놓지 않는다.
지하철에서도 나를 따라다니고
술집에서도
노란색 가로등에서도

신록의 숲에서도
어디에서나 따라다니는데

이 묵상의 깊이는 의미나 힌트로서가 아니라 온몸의 느낌 그대로 발성된다. 시인은 시를 쓰는 게 아니라 자신의 느낌을 밟고 춤추는, 혹은 비대상의 오케스트라를 이끄는 지휘자가 된다.

둘,
이어
셋으로.
이상한 노을이다.
따안따안하는 길이로 타박타박타박.

시인은 선율의 느낌과 함께 움직이면서 생각한다. 〈이상한 노을이다〉라는 느낌이야말로 안톤 부르크너의 교향곡에서 파생된, 그러나 교향곡과는 상관없는 시인 성찬경의 독자적 감각이다. 이 시인의 독자적 상상력은 여기서부터 무한대로 폭발하기 시작한다.

행성. 혜성. 충돌. 몰입. 몸뚱이. 머리

(중략)

0.3 3 3 3 3 3 3 3 3·········

(중략)

가열하다. 부드럽다.

숲 속이다. 폭포다. 바람이다.

여기서 의미론적 언어는 해체된다. 이미지의 연쇄반응
이 돌출시키는 단어들이 자유롭게 튕겨올라 지면에 탁탁
박힌다. 이 단어와 단어들 사이에 서술적 의미는 지워진
다. 이어지는 것은 느낌의 주술적 연계 같은 것뿐이다. 이
느낌의 연계가 닿는 지점은 어디인가.

허사虛辭다. 동사다.

껍질 벗는 영혼이다.

울림이 열림.

이 마지막 부분은 성찬경의 시학 같은 집약적 의미를 지
닌다.

허사虛辭다 — 시는 관념이 아니다. 시는 의미가 아니다.
시는 서술적 구조가 아니다. 시의 핵은 일체의 의도성과
당위형과 청유법이 배제된 세계다. 왜냐하면 이런 것들은

허사이기 때문이다. 동사다— 시는 고정화된 이미지가 아니다. 박제된 상상력의 가공품이 아니다. 시는 움직이는 실체적 느낌이며, 끊임없이 파도치며 흐르는 일상 속의 삶 의식이다. 껍질 벗는 영혼이다— 누드. 그렇다. 시는 삶의 원초적 다이나미즘이다. 일체의 현상적 노예근성과 습관을 벗어 던지는 그 자리에 남는 울림이다. 울림이 열림— 이 깊이로서의 울림은 수평공간으로 확산된다. 지상의 삶으로 퍼져나가면서 무조건적인 감동을 획득한다. 여기서 우리는 〈열렸다〉는 삶의 해방감을 느낄 수 있는 것이리라.

필자는 성찬경 시인의 「셋잇단음표에 대하여」 분석으로 이 글을 끝맺는다. 왜 이런 누구나 인식할 수 있는, 어쩌면 고전적이기까지 한 시학을 꼼꼼하게 독해해 나갔는가 하는 것은 오늘의 우리 시단에게 그 해답을 미루기로 한다. 시인은 누구나 될 수 있지만 아무나 되는 것은 아니다. 무엇보다도 자신과 자신의 언어에 엄격해야 한다. 이 점을 놓쳐서는 안 된다. 　　　　　　　《현대시학》 1988년 12월호)

매력 있는 시, 재미있는 시를 읽는 즐거움
— 「논 위를 달리는 두 대의 그림자 버스」 감상

이　경　호

　이 한 편의 시를 고르기 위해 마지막까지 고심하지 않을 수 없었다…… 그럼에도 불구하고 성찬경의 시를 선택한 이유는 그가 요즘의 젊은 시인들보다 오히려 싱싱하고 발랄한 관찰력과 감각을 과시하고 있었기 때문이다…… 성찬경은 시의 마력을 나에게 보여준 셈인데 선택의 기로에서 시의 매력적인 모습에 이끌리고 만 셈이다. 이 매력은 그의 나이와 비례해서 더욱 나의 마음을 사로잡고 말았다.

　성찬경이 쓴 이 시의 매력은 우선 인간의 모든 감각을 한 사물의 모습에서 찾아내는 데에 있다. 2행과 4행의 〈가〉와 〈보다〉를 각각 하나의 행으로 처리함으로써 1행과 3행의 〈그림자 버스〉와 〈실물 버스〉의 모습을 시각적으로 돋보이게 한 점도 재미있고 〈약간 흐린 날이라〉를 괄호 안에 넣음으로써 버스에 대한 묘사가 설명의 상태로 느슨해질 수 있는 점을 방지한 점도 돋보인다. 흐린 날씨에 햇빛

의 투과효과가 약해지며 생기는 그림자의 모양을 〈털옷을
두르고 있다.〉라고 표현한 관찰력도 예사롭지 않거니와
햇빛에 투과된 〈운전석 해 가림〉의 푸른 그림자가 버스의
검은 그림자 속에서 일렁이는 모습을 〈푸른 점박이〉라고
묘사한 재치도 가볍지가 않다.

그러나 이러한 매력들은 시인의 단편적인 관찰력이 만
들어 낸 결과일 뿐 이 시의 시적인 의미 맥락 속에서 중요
한 기능을 감당하고 있지는 않다. 우리는 이 시의 중요한
의미상의 징후를

> 논을 마구 쓸고 가도
> 풀 하나 흔들리지 않는다.
> 마구 훑어도
> 검은 흙 한 톨 튀지 않는다.

에서 찾아야만 한다. 시인은 단지 버스의 그림자 속에서만
의미를 찾으려고 하는 것이 아니라 〈달리는〉 상황과의 관
계 속에서 그림자의 의미망을 포착하려고 하는 것이다.
〈달리는〉 동작이 〈풀 하나 흔들리지〉 않게 하며, 〈흙 한 톨
튀지〉 않게 하는 시각적 완벽성을 보여 줄 뿐만 아니라
〈소리 하나〉 내지 않는 청각적 완벽성도 보여주고 있다.

이 시각적 완벽성은 다시 높고 낮은 장애물을 매끄럽게 오르내리는 버스의 그림자를 악보 음표의 높낮이로 보게 만들고 버스 그림자의 〈둥그스럼〉한 모양이 매끄럽게 이동하는 모습은 시각적·청각적 완벽함을 갖춘 〈신동의 악보〉로 비유되고 있다. 그 다음 행의

    착 붙어
    논을 핥는다.

는 표현은 바로 이 시의 백미와 같은 부분이라고 할 수가 있다. 시인은 버스의 그림자가 논 위로 포개어진 채 움직이는 모습 속에서 음식을 핥고 있는 혀의 모습을 발견해낸 것이다. 시각이 자연스럽게 미각으로 전환되는 장면이다. 뿐만 아니라 논을 핥는 혀의 맛을 〈전내기 진간장〉이라 표현함으로써 지극한 맛의 효과까지 표현해내고 있다.
  다음 부분의

    논과 그림자 버스는
    알몸과 알몸

이라는 표현도 절묘하다. 그림자와 논이 완벽한 평면으로

겹쳐진 모습 속에서 촉각을 통한 관능적 낌새를 찾아내고 있기 때문이다. 그리고 그 다음의 네 행, 즉

> 납작한 밀착이다.
> 철저한 천착이다.
> 완벽한 이별이다.
> 혼적은 무구無垢다.

에 이르러서는 촉각과 시각의 결합된 모습 속에서 관념적인 의미까지를 찾아내려고 한다. 감각과 관념, 혹은 감성과 지성의 결합은 이질적인 요소의 결합이라는 점에서 언뜻 부자연스럽고 낯설게 보이지만 이러한 결합이 교묘하게 이루어지고 있으므로 통합된 감수성의 표현은 오히려 싱싱하고 입체적인 의미를 구성해 독자에게 보여 준다. 이러한 표현기교의 효과에 대해서는 영국의 대비평가인 엘리어트가 이미 논한 바 있거니와 시인의 전공이 영문학인 점을 생각해 볼 때 이러한 표현기교에 능숙한 이유를 짐작할 만하다.

시인은 사물의 접촉을 관능적인 촉각의 시선으로, 다시 완벽한 만남과 헤어짐의 관념으로 바라보다가 끝내는 그런 현상 속에서 인간이나 사물의 존재가 내포하고 있는 순

수하고 관념적인 차원의 의미를 캐내어 보려고 한다. 그러
므로 실제의 자기와 자기의 그림자를, 그리고 실물 버스와
그림자 버스를 비교해 보고는 나 자신이나 버스보다 그림
자로 보이는 자신이나 버스의 모습이 오히려 참다운 존재
의 본질에 가까울지도 모른다는 환상에 잠겨보기도 한다.
실물보다 그림자가 더 자연과 밀착되어 완벽한 조화의 상
태를 이룬 것처럼 생각되기 때문이다. 그런 생각 자체가
존재의 본질, 즉 이데아를 생각하는 그리스 철학자와 같은
듯해서 〈플라톤?〉이라는 물음도 제기해 본다. 그러나 그
는 곧 이러한 환상에서 벗어난다. 현실의 중압감을 느끼게
되고 감각적인 현상의 묘미가 지나치게 관념의 유희로 지
속되는 것이 따분했던 탓이다.

이 시는 시행의 처리나 문장의 길이를 조절함에 있어서
도 깔끔한 기교를 보이고 있다. 버스의 재빠른 움직임과
보조를 맞출 수 있게 연을 따로 구분하지 않고 시 전체를
발빠르게 일정한 리듬으로 읽을 수 있는 모양을 갖추기 위
해 간결한 문장으로 행의 간격을 일정하게 유지하고 있는
것이다. 감각적인 이미지를 사용함에 있어서도 감각의 변
화를 계속 시도함으로써 의미전달의 효과를 십분 강화하
고 있다. 그러므로 독자들은 시를 끝까지 읽는 동안 계속
싱싱한 감각이 의미로 교묘하게 구성되어 가는 재미를 만

끽할 수가 있을 것이다.

성찬경의 이 시는 짧은 순간의 기발한 착상이 절묘한 감각들과 조응하여 이루어지는 매력을 보여주고 있다. 이런 매력, 혹은 맛깔스러운 특징을 음미하는 즐거움을 누리면서 우리는 어쩌면 이 시가 지나치게 유희적인 속성을 보여주는 것이 아닌가 자문할 수도 있다. 이 시는 소품과 같은 크기를 갖는 시라고 말할 수도 있다. 우리의 삶에 대한 태도가 혹은 문학에 대한 태도가 사회적인 현실의 무게에 항상 짓눌려 있는 탓이다. 그러나 한편으로 실재하는 현실의 모든 테두리가 사회적인 현실에 맞닿아 있기만 한 것은 아니다. 우리는 사회적인 현실의 무게에 항상 짓눌려 있고 그러한 현실의 책임에서 벗어날 수 없지만 그럼에도 불구하고 우리는 잠시나마 사물의 조그마한 현상 속에서 삶의 순수하거나 기이한 진실을 목도하고 즐거워할 수 있는 자유도 소중하게 생각한다. 그런 세밀한 현상에 대한 공교롭고 치밀한 관찰태도가 나름대로의 문학을 대하는 태도일 수 있을 뿐만 아니라 장기적으로는 허황되고 경직된 사회적 목소리에 대항할 수 있는 자유로운 정신의 기율로 이어진다고 생각하기 때문이다. 이런 점에서 성찬경이 보여주는 시의 매력은 나름대로의 입지점을 확보할 수가 있는 것이다.

《현대시학》 1989년 3월호

성찬경 시인
1930년 충남 예산에서 태어남. 1956년 《문학예술》지로 등단.
시집 『화형둔주곡』『벌레소리 頌』『반투명』『묵극』 등이 있음.
한국시협상, 서울시문화상, 월탄문학상 등 수상.
성균관대 영문과 교수, 한국시인협회장, 가톨릭문인협회장 등 역임.
현재 대한민국예술원 회원.

논 위를 달리는 두 대의 그림자 버스
성찬경 시집

초판 1쇄 발행일   2005년 9월 26일

지은이 · 성찬경
펴낸이 · 김종해
펴낸곳 · 문학세계사
주소 · 서울시 마포구 신수동 345-5(121-110)
대표전화 · 702-1800 | 팩시밀리 · 702-0084
홈페이지 · www.msp21.co.kr | 이메일 · mail@msp21.co.kr
출판등록 · 제21-108호(1979.5.16)
값 7,000원
ISBN 89-7075-347-8 03810
ⓒ성찬경, 2005

＊저자와의 협의에 의하여 인지를 생략합니다.
성찬경 시인   전화 : (02) 302-6717
주소 : (122-928) 서울특별시 은평구 웅암동 670-5
E-mail : popolopo@empal.com